FOREX

Sommario

FOREX 1

CAPITOLO 1 3

  Il mondo del Forex Trading 3

CAPITOLO 2 15

  Cosa si commercia nel mercato Forex 15

CAPITOLO 3 23

  Dove si commercia nel mercato Forex 23

CAPITOLO 4 36

  Come si commercia nel mercato Forex 36

CAPITOLO 5 56

  Entriamo nel vivo 56

CAPITOLO 1

Il mondo del Forex Trading

E così avete sentito parlare del Forex Trading e ora siete curiosi di scoprirlo ma non avete idea di come iniziare. Bene, siete nel posto giusto, questo libro vi guiderà attraverso le basi; in modo chiaro e semplice vi forniremo sufficienti indicazioni per iniziare al più presto a introdurvi nell'eccitante mondo del Forex Trading.

Forex è il termine comune usato per descrivere il Foreign Exchange. È anche chiamato trading di valuta, o semplicemente FX trading, e di tanto in tanto si può trovare indicato come Spot FX. È essenzialmente il commercio, o lo scambio, delle varie valute del mondo. In quanto tale, si tratta di un trading un po' diverso di quello che riguarda azioni o titoli. In Forex si confronta la valuta di un paese con quella di un altro paese e, per quanto il tutto possa sembrare a prima vista piuttosto confuso, in realtà comprendere il suo funzionamento è piuttosto semplice.

Prima di atterrare su queste pagine, vi siete chiesti la vera motivazione che vi spinge ad avvicinarci al Forex Trading? La maggior parte delle persone ha sentito parlare di trading di azioni, forse anche di futures e opzioni. Sono prodotti che sono in giro da anni e, chissà, magari i tuoi nonni potrebbero anche averci commerciato. Ciò che posso garantirvi, a meno che non siate nipoti di individui eccezionalmente ricchi o di direttori di grandi banche, è che di sicuro non hanno mai fatto trading sul Forex. È solo negli ultimi 15 anni circa che l'industria del Forex al dettaglio si è aperta a persone come me e te. Ormai chiunque può iniziare a fare trading con un deposito molto piccolo in un conto di intermediazione. Ovviamente la diffusione di internet ha contribuito a dare vita a questo boom, dato che circa il 99,9% di tutte le transazioni vengono effettuate online.

In funzione 24 ore al giorno per 5 giorni e mezzo

alla settimana, Forex è di gran lunga il mercato più liquido del mondo. Solo per darvi un'idea di cosa intendo, all'inizio del 2014 e secondo la Banca dei Regolamenti Internazionali, il trading sul Forex è arrivato ad una media di 5,3 trilioni di dollari al giorno. Per metterlo in prospettiva, la media è di 220 miliardi di dollari all'ora. A ben vedere in effetti, ci vorrebbero 30 giorni di trading alla Borsa di New York Stock Exchange (NYSE) per eguagliare un giorno di trading sul Forex.

Queste cifre sono enormi! Non c'è altro modo per dirlo. Ma ovviamente questo non ha alcuna ricaduta sul trader medio, se non quella di dare a quel trader un'ottima liquidità, ovvero la possibilità di comprare o vendere continuamente una delle 10 principali coppie di valute. Inoltre, con questo volume su base giornaliera, il trader medio come me e te ha assolutamente zero possibilità di influenzare la direzione del mercato.

Poiché il mercato Forex funziona

continuamente per 24 ore durante la settimana, il gapping è estremamente ridotto, il che rappresenta una grande differenza con il trading azionario. Per esempio, potresti aver comprato le azioni XYZ a 24,20 euro martedì appena prima della chiusura del mercato con uno stop loss impostato a 23,50 euro per proteggerti da eventuali perdite importanti; durante la notte, con il mercato chiuso, un annuncio importante interessa proprio la società XYZ e influenza il prezzo delle azioni che, al mercoledì' mattina, oltre ad essere scese di 3,10 euro, hanno aperto 1.40 euro al di sotto del tuo stop loss, dandoti così una perdita molto più grande di quella che mai avresti potuto prevedere.

Una dinamica del genere è quasi del tutto estranea al mondo del Forex trading, anche se la possibilità che accada effettivamente esiste, specialmente durante il fine settimana, cioè nell'unico momento in cui il mercato Forex è chiuso. Per farvi però comprendere quanto un evento del genere è raro, vi racconto un episodio che ho vissuto sulla mia pelle nel lontano 2003. Verso la fine di quell'anno avevo alcune posizioni aperte durante il weekend: i miei investimenti andavano tutti contro il dollaro. Come avrei mai potuto immaginare che proprio tra il sabato e la domenica le truppe americane catturassero Saddam Hussein? La ricaduta sul dollaro di quell'avvenimento fu estremamente positiva, tanto che il lunedì dovetti constatare che il suo valore era schizzato alle stelle dando così alle mie finanze un colpo inaspettato e atroce. Ho imparato la lezione. Da allora non mantengo più posizioni aperte durante il fine settimana, se non per motivi eccezionali.

Se nel Forex trading il gapping è molto ridotto, è anche vero che si ha solo una piccola quantità di coppie di valute tra cui scegliere. Nelle borse mondiali abbiamo invece a disposizione migliaia di azioni con cui commerciare e, per i trader tradizionali, il vero problema è trovare un ago in un pagliaio. Da cui l'importanza dell'analisi tecnica e fondamentale, strumenti necessari per non incappare in aziende e azioni in perdita.

Vedremo che le nostre scelte Forex sono molto, molto più ristrette, e lasciano ben poco spazio alla ricerca e all'analisi. Tutti i nostri sforzi e la nostra concentrazione dovranno essere guidati all'interno di in un campo molto ridotto, ciò che permette a chiunque di iniziare a fare trading in breve tempo e in maniera concreta.

Una volta che avrete dato un'occhiata a diversi grafici Forex, di cui parlerò più avanti, potrete vedere alcune tendenze molto belle e lisce che sembrano verificarsi abbastanza spesso. Ora, questo è qualcosa che potresti non capire se non hai mai fatto commercio su uno strumento informatico o se non hai mai guardato dei grafici. Tuttavia, anche sotto questo aspetto, il trading su Forex non implica la mole dei grafici azionari del trading tradizionale. Non sto dicendo che il Forex non varia. Lo fa, credetemi, ma quando l'equilibrio scoppia è qualcosa normalmente di molto positivo. Capirete il perché tra poco.

Anche il basso costo del trading su Forex gioca un ruolo importante per il suo successo. La maggior parte del commercio di valute, infatti, è condotto elettronicamente via internet su un conto online predisposto e con l'aiuto di un broker designato. Il costo per ogni scambio è minimo, dato che non esistono commissioni, ma soltanto l'esigenza di coprire lo spread, dinamica che verrà spiegata ulteriormente. È così possibile aprire un conto con un broker affrontando una spesa molto ridotta che, in alcuni casi, non supera i duecento euro, o dollari. È chiaro che un investimento di questo genere non potrà permetterci di fare i milioni, ma è comunque un buon inizio.

I vantaggi di Forex rispetto al trading tradizionale sono tanti. Un altro che vale la pena citare, è quello relativo alla formazione dei trader. La maggior parte dei portali nei quali possiamo commerciare in valute, infatti, offre piattaforme dimostrative illimitate nelle quali è possibile fare pratica di trading per tutto il tempo che si vuole e, soprattutto, senza rischiare il nostro denaro. Questo è un metodo eccezionale se si intendono testare diversi metodi e idee di trading. Comunemente chiamato 'trading demo', non c'è motivo per cui non si possa avere sia un conto 'live' che 'demo' con lo stesso broker. Basta solo assicurarsi di non confonderli.

Il trading demo è uno strumento molto utile per provare cose diverse, ma vi avvertiamo che il trading su un conto "demo" non è affatto come il trading su un conto "live". Nel primo, infatti, non si corre alcun rischio poiché le nostre emozioni non entrano affatto in gioco. È come camminare su un'asse di legno tesa a 10 centimetri dal suolo. Cosa cambierebbe se la stessa asse fosse posizionata a 10 metri da terra? Tutto. Le vostre emozioni sarebbero diverse, così come la vostra concentrazione e l'allenamento di cui sentirete di avere necessità prima che sia troppo tardi. Lo stesso vale per il trading: quando ci sono soldi veri in gioco, di questo potete essere certi, si pensa e si agisce molto diversamente! Fidatevi di me.

E per fare un ulteriore passo avanti, i dati del Forex sono dal vivo e sono gratuiti. A differenza di molti dati azionari dove si deve pagare un abbonamento mensile o si è bloccati con dati ritardati di 15 minuti – gap che può rivelarsi fatale - i tuoi dati Forex sono tutti forniti liberamente dalla piattaforma di trading del tuo broker di fiducia.

Il mercato Forex non chiude mai, o quasi. Fatta eccezione per i fine settimana, è sempre possibile investire sul commercio di valute in un mercato aperto più a lungo di quanto resti chiuso. Come sappiamo le azioni vengono scambiate attraverso diverse entità centrali, che chiamiamo Borse, come il New York Stock Exchange o la Borsa italiana. Il trading sul Forex non ha una borsa centrale che è possibile definire tale. Tutto il commercio di valute avviene attraverso le banche o i market maker, che sono fondamentalmente i broker che i trader che si occupano delle transazioni per conto di terzi.

Il trading sul Forex segue i fusi orari del mondo ed è suddiviso in tre grandi fusi orari. La prima ad aprire è l'Asia, che comprende Nuova Zelanda, Australia, Singapore, Giappone ecc. Questa è chiamata la sessione asiatica ed è normalmente la più tranquilla delle sessioni per quanto riguarda il volume degli scambi. L'Asia è poi seguita dal Medio Oriente e poi da tutti i maggiori centri europei, dove per ultima apre Londra. La sessione europea è la sessione principale perché, normalmente, è al suo interno che si scambia il volume più ampio di valute. In questo senso è utile ricordare che Londra è la capitale finanziaria del mondo, anche se in moltissimi pensano che questo ruolo sia svolto di Wall Street, negli USA. L'ultima sessione ad aprire è proprio quella statunitense, e anch'essa può essere molto frenetica, soprattutto all'inizio della giornata, dove a volte importanti comunicati stampa sconvolgono i commerci e le quotazioni stesse del dollaro.

Abbiamo quindi tre sessioni di trading che si sovrappongono l'una all'altra senza orari prestabiliti. Immaginiamo di vivere in Australia. Ogni trader basato a Sidney sa perfettamente che durante il giorno avrà la possibilità di partecipare alla sessione asiatica, dalle 17 circa a quella europea e, infine, dalle 23, a quella statunitense. In poche parole, è possibile fare trading su Forex a qualsiasi ora. Ma se avessimo intenzione di fare trading all'apertura di Londra e vivessimo, per esempio, negli Stati Uniti, potremmo dover impostare la nostra sveglia molto presto la mattina.

Ogni fuso orario ha i suoi vantaggi e svantaggi. Esistono molti orologi online gratuiti per i fusi orari disponibili che si riferiscono ai diversi orari di sessione, quindi è piuttosto facile trovare una o più sessioni che si adattano al tuo stile di vita. Puoi anche trovare indicatori personalizzati gratuiti che inseriscono in maniera chiara ed inequivocabile i diversi tempi di sessione sui tuoi grafici di trading. Questo strumento visivo può essere di enorme aiuto.

CAPITOLO 2

Cosa si commercia nel mercato Forex

Entriamo nel vivo! Esistono diverse coppie di valute che possono essere scambiate, ma la maggior parte dei trader si limita a un gruppo di circa 8-10 coppie. È una scelta più che sufficiente. Per prima cosa, abbiamo quelle che vengono chiamate "major". Queste sono di gran lunga le coppie di valute più scambiate in tutto il mondo e molti trader si accontentano di scambiarne una o due.

Le principali includono:

EUR/USD

Euro contro dollaro USA

USD/JPY

Dollaro USA contro Yen giapponese

GBP/USD

Sterlina britannica contro dollaro USA

USD/CHF

Dollaro USA contro Franco svizzero

Notate come tutte le coppie siano contro il dollaro USA. Quando i trader discutono di queste coppie, infatti, si riferiscono semplicemente a loro come Euro, Yen, Sterlina e Franco. Abbiamo poi quelle che chiamiamo "coppie di secondo livello" e queste includono le seguenti:

AUD/USD

Dollaro australiano contro Dollaro USA

USD/CAD

Dollaro USA contro Dollaro canadese

NZD/USD

Dollaro neozelandese contro Dollaro USA

Ancora una volta queste coppie sono tutte contro il dollaro USA e sono semplicemente denominate Aussie, Loonie e Kiwi. Il termine Loonie deriva in realtà dalla prima moneta del dollaro canadese. Poi ci sono coppie di valute che sono semplicemente chiamate 'cross', e coinvolgono coppie che non contengono dollari USA. Alcuni dei cross più popolari includono:

EUR/JPY
Euro contro Yen giapponese
GBP/JPY
Sterlina britannica contro Yen giapponese
EUR/GBP
Euro contro Sterlina britannica

Esistono molti altri cross, ma questi tre sono probabilmente i più popolari che vengono attualmente scambiati. Molti trader preferiscono scambiare la loro valuta nazionale perché sentono di conoscerla meglio di tutte le altre. Alcuni, invece, come il sottoscritto per esempio, si sentono molto più a loro agio nel trading delle majors.

Quindi cosa significano tutti i numeri che vediamo quando le coppie di valute sono scambiate una con l'altra? La prima valuta menzionata è quella che chiamano 'valuta base' e viene confrontata con la seconda valuta, che viene chiamata "valuta di quotazione" o 'contro valuta'. Avrete sicuramente notato che alla fine di ogni telegiornale, per lo meno quelli nazionali, è sempre presente una rubrica finanziaria, solitamente molto breve. Frasi di queso tipo sono all'ordine del giorno: "L'euro oggi è sceso contro il dollaro USA, raggiungendo un minimo di 71 centesimi". Certo, le notizie sulla moneta europea sono di solito molto più confortanti, ma ciò che ci interessa in questa sede è capire il senso delle informazioni che riceviamo sulle valute dai media. Nel caso dell'improbabile e disastroso comunicato sulla caduta libera della moneta europea, fondamentalmente l'informazione che dovremmo estrapolare è che l'euro è ha avuto un calo di valore rispetto al dollaro USA e che, ora, un euro equivale a 0,71 dollari USA. Poiché il dollaro USA è la principale valuta del mondo, la maggior parte dei rapporti finanziari, come avrete notato, confronteranno la tua valuta locale con essa.

Se dovessi viaggiare all'estero, diciamo negli Stati Uniti dove avresti bisogno di dollari USA, allora spererai in un tasso alto dell'euro in modo da ottenere quanto più denaro liquido possibile al cambio. Quindi se il tasso salisse a 75 centesimi significherebbe che un euro varrebbe 0,75 dollari USA. In tal caso potresti vedere una quotazione dell'EUR/USD simile a questa: 0.7125 / 0.7128. Vedremo più avanti perché ci sono due serie di numeri e non una sola. Ma guardando solo allo 0,7125, esso mostra quante unità della quotazione/controvaluta sono necessarie per comprare un dollaro della valuta base. In questo caso, il dollaro USA è la valuta di quotazione/controvalore e l'euro è la valuta di base, quindi US$0.7125 è uguale a EU€1.00.

Coppie Forex: cosa significano i numeri?

Consideriamo un esempio di coppia:

Quando l'AUD/USD è quotato a 0.7125 / 0.7128, cosa significa esattamente? La prima cifra di 0,7125 è chiamata il prezzo "bid"; la seconda cifra di 0,7128 è il prezzo "ask". La differenza tra queste due cifre è chiamata "spread".

Se volessi comprare l'Aussie, pensando che il dollaro australiano salirà di valore rispetto al dollaro USA, sarei tenuto a pagare il prezzo ASK, che in questo caso è di 0,7128. D'altra parte, se pensassi che l'Aussie si stia indebolendo rispetto al dollaro USA e volessi dunque venderlo, allora lo venderei al prezzo BID di 0.7125. Ora, se dovessi comprare l'Aussie a 0,7128 e poi chiudere immediatamente la mia posizione prima che il prezzo abbia la possibilità di muoversi, dovrei chiudere la posizione vendendo l'Aussie a 0,7125. In questo caso, la differenza di 0,0003, che si chiama spread, sarebbe l'importo che ho perso in questa operazione. Nel caso dell'Aussie, ogni movimento di 0,0001 è chiamato un pip (o a volte chiamato punto). Quindi, in questa operazione, avrei perso 3 pip (o 3 punti).

Tutte le coppie che ho menzionato sopra, tranne le coppie JPY, sono composte normalmente quattro cifre decimali e il loro valore di pip è calcolato allo stesso modo dell'esempio con l'Aussie di cui sopra. Le coppie JPY di solito hanno solo due posizioni decimali. Un esempio di USD/JPY potrebbe essere quotato come segue: 97.81/97.83. Questo mi dice che un dollaro USA è uguale a circa 97,8 Yen giapponesi. Il prezzo di offerta è 97.81 e il prezzo di richiesta è 97.83, significa dunque che abbiamo uno spread di 2 pip. In questo caso ogni movimento di 0,01 è chiamato pip.

Importante: la maggior parte dei broker al giorno d'oggi hanno una posizione decimale in più sui loro prezzi quotati. Ciò è dovuto al fatto che gli spread sono diventati più stretti nel corso degli anni. I primi tempi del trading su Forex, un piccolo spread sulla coppia EUR/USD era di 3 pip, mentre oggi è comune vedere lo spread su questa coppia a 0,8 pip o anche meno. Da qui l'aggiunta di questo punto decimale in più sui prezzi quotati. Se vedi tre o cinque cifre decimali, a seconda di quanto sia preciso il tuo trading, ti suggerisco di ignorare l'ultima cifra. Questo è il modo più semplice. Per esempio, se hai visto una quotazione per la coppia EUR/USD come 1,38641/1,38663, dovresti semplicemente leggerla come 1,3864/1,3866, eliminando quindi le ultime cifre. Potrai quindi vedere chiaramente che avrai uno spread di 2 pip. Se invece volessi essere più preciso, allora in questo esempio dovresti semplicemente togliere 4,1 da 6,3, così da avere uno spread esatto di 2,2 pip. Sta dunque ad ogni trader scegliere tra un metodo, per così dire, semplificato, e uno leggermente più complesso e preciso.

CAPITOLO 3

Dove si commercia nel mercato Forex

Dovrai aprire un conto di intermediazione online, affidarti dunque ad un broker, per poter accedere a qualsiasi piattaforma di trading. Come abbiamo detto prima, la maggior parte dei broker offre un trading demo dove è possibile praticare il commercio senza rischiare denaro reale - è un po' come giocare a Monopoli. Non è necessario depositare dei fondi con un broker per avere accesso alle loro piattaforme demo, la maggior parte sono infatti disposti a farvi compiere delle prove senza alcun obbligo preventivo. Questo vi dà anche la possibilità di provare varie piattaforme e vedere in quale, tra queste, riuscite a sentirvi maggiormente a vostro agio.

Come scegliamo quindi il broker? Questa è una

buona domanda e potreste ottenere una lunga varietà di risposte se doveste chiedere in giro nella comunità di trading. L'industria del forex al dettaglio è ancora relativamente giovane e non ha gli stessi regolamenti e regole da seguire come molti altri strumenti finanziari simili. Questo è dovuto principalmente al fatto che in Forex non vi sono scambi che coinvolgono autorità, o enti, centrali. Detto questo, tuttavia, molti governi stanno iniziando a formulare norme e regolamenti per garantire ai commercianti di forex una migliore protezione. Ma attenzione, là fuori esistono ancora i bucket shop (broker loschi) che non hanno altro obiettivo se non fregare gli sprovveduti. Solo recentemente ho sentito parlare di un broker svizzero che è scomparso con tutti i fondi dei suoi clienti. Non è chiaramente mia intenzione spaventare nessuno, ma per favore consideratevi avvertiti e scegliete saggiamente. Ci sono molti buoni broker in giro, quindi non c'è bisogno di farsi prendere dal panico e stressarsi oltremodo. È sufficiente rivolgersi ai più quotati, a quelli che presentano un'interfaccia web più seria degli altri, che pubblicano tutti i dati relativi alla loro posizione fiscale, alla sede della loro azienda, ecc.

Un altro suggerimento in questo senso, è quello di non mettere tutti i vostri fondi in un solo broker, specialmente se avete intenzione di investire una quantità di denaro molto importante. Se io avessi 100.000 dollari con cui commerciare, per esempio, non depositerei tutto nel conto di un unico broker, ma distribuirei la somma tra due o più broker, oppure terrei i fondi in riserva e li depositerei con il mio broker di fiducia solo se fossero strettamente necessari - dormirete meglio la notte!

Nel gennaio 2015 la Banca Nazionale Svizzera si è mossa molto bene e il franco si è staccato dall'euro cogliendo i mercati finanziari di sorpresa. Questo ha causato un folle, enorme e non preventivabile picco di prezzo delle coppie legate al franco svizzero. Alcuni trader hanno subito un colpo mortale altri, come è ovvio, si sono invece enormemente arricchiti. Questo picco ha messo alcuni importanti broker molto rispettabili finanziariamente al muro, causando il fallimento o la liquidazione di alcuni. Alpari UK è stato uno dei principali attori colpiti e oggi non esiste più. FXCM ha lottato ma si è ripreso. Quindi fai attenzione a dove metti i tuoi fondi e deposita solo ciò che è richiesto.

Molti trader preferiscono tenere il loro denaro duramente guadagnato nel loro paese e posso capire il perché, e ancora una volta è solo una misura di sicurezza percepita e non del tutto reale. Io personalmente, non ho problemi a trattare con i broker d'oltremare. Le mie esperienze passate non hanno riscontrato alcun problema nel trasferimento di fondi, quindi sono abbastanza felice di servirmi di broker d'oltremare. Non ho avuto scelta, d'altronde, perché fino a pochi anni fa non trovavo broker italiani con cui mi sentivo a mio agio. Devo dire che ormai anche questo aspetto è notevolmente cambiato e ora non avrei tentennamenti a rivolgermi ad un connazionale.

Non tutte le piattaforme di broker trading sono uguali ed è qui che diventa interessante. Ogni piattaforma sembra avere i suoi vantaggi e svantaggi. Il segreto è trovarne una con cui ti senti a tuo agio. Una delle più popolari piattaforme di forex trading è MetaTrader 4, o più comunemente chiamata MT4. Questa piattaforma è utilizzata da un enorme di broker e anche dal sottoscritto, che si sente vivamente di consigliarla a qualsiasi tipologia di utente. Il funzionamento è piuttosto semplice. Come qualsiasi altro software disponibile sulla rete, è sufficiente scaricarlo sul nostro dispositivo di lavoro dopo opportuna registrazione. Selezionare il trading demo o live o entrambi è un'operazione semplicissima e le informazioni fornite sulle modalità di deposito molto chiare ed esaustive. Personalmente trovo la piattaforma MT4 una delle migliori, specialmente per i grafici, mentre risulta un po' deludente, macchinosa e complessa, la maniera di piazzare gli ordini. Ma la vera bellezza della piattaforma MT4, quella che sta alla base della sua popolarità, e la possibilità di scrivere il proprio codice informatico per progettare indicatori personalizzati senza necessità di consulenti esperti.

La maggior parte delle piattaforme di trading sono dotate di una varietà di indicatori grafici standard. Cose come Moving Averages, MACD, RSI, Bollinger Bands ecc., sono comuni a qualsiasi sito o software. Con MT4 è possibile progettare i propri indicatori personalizzati e scaricarli direttamente sulla tua piattaforma di trading e, conseguentemente, sui tuoi grafici. Non preoccupatevi se inizialmente tutto vi sembrerà un po' confuso, è assolutamente normale restare spiazzati davanti a linee, trend e numeri di vari colori che cambiano a un ritmo folle 24 ore su 24. Vi posso assicurare che tutto diventerà chiaro in pochissimi giorni, man mano che acquisterete familiarità con le funzioni della piattaforma. Quanto agli indicatori personalizzati, è bene sottolineare che non sono assolutamente imprescindibili per fare un buon lavoro su Forex ma sono utili se si vogliono massimizzare gli sforzi delle nostre giornate. Se siete dunque interessati a provarli ma non sapete esattamente come crearne uno, sappiate ci sono molti trader intelligenti là fuori che hanno già fatto tutto il duro lavoro e hanno reso i loro indicatori liberamente disponibili online. Ce ne sono migliaia.

Non mi resta ora che parlare degli expert advisor, comunemente conosciuti come 'EAs' o 'Trading Robots'. Si tratta di software che, caricati sulle nostre piattaforme e sui grafici, agiscono in maniera automatizzata. Un EA, una volta attivato, si metterà al lavoro per identificare i trade che corrispondono ai nostri criteri, aprirà un'operazione senza coinvolgimento umano, gestirà l'operazione e infine chiuderà il trade in maniera del tutto autonoma. Sembra tutto troppo facile, non è vero? Eppure questo è il presente e il futuro. Anche in questo caso potete progettare il vostro EA o lasciare che qualcun altro lo faccia per voi. Non sono così liberamente disponibili come gli indicatori personalizzati, ma certamente stanno diventando più popolari.

Ancora una volta, siate avvertiti! Ci sono un sacco di truffatori là fuori che vendono robot di trading basati su promesse - oltraggiose! - di ricchezze incalcolabili. Scegliete saggiamente.

MT4 non è l'unica piattaforma in cui è possibile personalizzare indicatori e sistemi di trading, ma è di gran lunga la più popolare a livello mondiale. Ho usato CMS e la loro piattaforma VT in passato, e anche loro offrono un eccellente pacchetto di grafici. Ci sono molti altri buoni broker in giro. Uno dei miei preferiti è Oanda, una piattaforma web-based che pertanto non richiede alcun software da scaricare. È sufficiente accedervi da qualsiasi computer dotato di Java per iniziare a commerciare. Oanda è molto popolare e affidabile, offre spread molto bassi ed è molto semplice da usare, decisamente adatto ai principianti.

Come detto in precedenza, non esiste una borsa centrale per il trading sul Forex, quindi i prezzi delle diverse coppie di valute possono variare tra i diversi broker. Normalmente, tutti i buoni broker saranno entro uno o due pip l'uno dall'altro, il che non è davvero un problema. Fluttuazioni più importanti accadono solo sulle piattaforme di broker non molto conosciute. Se ti affiderai a un broker decente, eviterai questi tipi di problemi. Io normalmente uso due piattaforme insieme, posso vedere le minime differenze tra i loro prezzi e raramente c'è un problema.

Abbiamo menzionato tante volte il termine 'spread', che è la differenza tra i prezzi di offerta e i prezzi di richiesta. Solo pochi anni fa lo spread su EUR e JPY era di 3 pip, e le altre coppie principali variavano da 4-5 pip, ciò che era felicemente accettato da tutti. Al giorno d'oggi, non è raro ottenere spread su EUR e JPY per 1 pip o meno, e le altre principali, per meno di 3 pip. Lo spread è il tuo costo per fare affari. Per ottenere un qualsiasi profitto, è necessario prima recuperare lo spread. Per esempio, se hai comprato il USD/CHF a 1,0774 e hai uno spread di 3 pip, allora il prezzo dovrebbe salire a 1,0777 prima che tu sia in una posizione di pareggio. Ricorda che compri al prezzo di domanda e vendi al prezzo di offerta. In questo caso, quando hai comprato, la quotazione era 1,0771/1,0774, quindi deve avere questo stesso aspetto prima che tu possa uscire a 1,0774/1,0777, che è un 3 pip di aumento del prezzo.

Alcuni broker mantengono lo stesso spread, anche se un po' più alto durante tutte le ore di mercato, mentre altri broker possono variare lo spread a seconda della volatilità del momento. Cos'è la volatilità? Essa si concretizza nei momenti in cui il mercato è molto tranquillo, come quando apre all'inizio della settimana, o dopo la fine della sessione statunitense prima che la sessione asiatica si sia messa in moto. Ma l'espressione può anche riferirsi a quei periodi di tempo, più o meno lunghi, in cui si attende un importante comunicato stampa. È esattamente questo il momento in cui alcuni broker possono davvero allargare i loro spread. Non rimangono ampi per molto tempo, di solito 5 minuti o giù di lì. Su Oanda gli spread possono andare fino a 20 pip sulle coppie volatili come il GBP/USD. Devi essere consapevole che la volatilità non è amica dello scalping, né di stop molto stretti o di ordini vicini al prezzo corrente. Noterai che se gli spread rimangono costanti, allora normalmente si sta verificando un trade off da qualche altra parte. Alcuni anni fa, qualche secondo prima di ogni rilascio di notizie importanti, i trader piazzavano ordini di acquisto e di vendita vicino a entrambi i lati del prezzo corrente, sperando di incassare in un modo o nell'altro. Un ordine sarebbe stato riempito e avrebbero cancellato l'altro, alla ricerca di una corsa decente nella direzione scelta. Ai broker questo atteggiamento non piaceva e hanno così messo in atto pratiche atte a prevenirlo, un po' come i casinò che vietano l'ingresso ai contatori di carte. Benché non sia illegale eseguire calcoli complessi a mente, il vantaggio di essere in grado di farlo non può essere tollerato in determinati contesti.

Tenete a mente che potranno avvenire momenti di volatilità molto alta nei quali, semplicemente, i nostri piani saranno scombussolati. Questo vale per tutti i tipi di trading e spiega anche perché il trading demo può darvi un falso senso di sicurezza: le piattaforme dimostrative riempiranno infatti sempre le transazioni o gli ordini ai livelli che noi stessi abbiamo specificato, poiché si tratta solo di software programmati per lavorare sui numeri, non sulle reali condizioni di mercato. Si può finire con un perfetto riempimento di trade su un conto demo, ma potrebbe esserci stato uno slippage di 10 pip sullo stesso trade in un conto Live. Succede continuamente.

In generale, i broker stanno diventando molto più affidabili (e onesti) in questi ultimi anni. Non molto tempo fa, però, quando le loro mosse erano decisamente più sfrontate di oggi, i trader hanno avuto problemi, spesso gravi, con i quali hanno tappezzato tutti i forum dedicati al Forex, influenzando così negativamente, e spesso imperituramente, la reputazione di alcuni broker. Questo non sembra essere più un problema ma, ancora una volta, consiglio di informarsi bene prima di fare le nostre scelte. Google è un consulente affidabile quando si tratta di rintracciare feedback.

CAPITOLO 4

Come si commercia nel mercato Forex

Inizialmente tutto può sembrare un po' confuso, ma in realtà fare trading su Forex è abbastanza semplice. Il Forex è uno strumento finanziario a leva, come le opzioni, i futures, i CFD, i warrant ecc. Quindi non rappresenta una novità per chi conosce il mondo della finanza.

Il concetto basilare è che su Forex il trading si fa in 'lotti'. Questo è fondamentalmente lo standard del settore, ma ci sono broker che fanno le cose in modo leggermente diverso. Per esempio, Oanda fa trading in 'unità', ma queste possono essere facilmente convertite in un equivalente della dimensione di un lotto. I lotti sono conosciuti con nomi diversi, a seconda di quanta valuta rappresentano. Abbiamo un lotto standard, un mini lotto e un micro lotto:

Lotto standard

100.000 unità della valuta di base ed è normalmente espresso come 1,0 lotto

Mini lotto

10.000 unità della valuta di base ed è normalmente espresso come 0,1 lotto

Micro lotto

1.000 unità della valuta di base ed è normalmente espresso come 0,01 lotto

Quanti lotti puoi comprare o vendere dipende da alcuni fattori: il saldo del tuo conto, la leva di trading da te definita e la soglia di rischio che sei disposto a raggiungere. Questo è il momento in cui menziono le parole "margine", "leva" e "rischio". Tutti termini importanti ma sui quali non vi è bisogno di perderci delle ore. Ti mostrerò infatti un modo semplice per stare fuori dai guai.

Il margine si riferisce al denaro che hai sul tuo conto e che è disponibile per il trading. Come detto prima, il Forex è uno strumento a leva, quindi se il tuo broker ti offre leva 100:1, allora per ogni 1 unità che hai nel tuo conto di trading, puoi controllare 100 unità in un unico trade. Alcuni broker offrono una leva fino a 1000:1. Tenete sempre a mente che con una leva eccessiva, in caso di un'operazione contraria alle nostre aspettative e alla quale non abbiamo intenzione di reagire, il vostro broker chiuderà l'operazione per vostro conto al fine di proteggere i suoi propri interessi, anche se voi potreste già aver fatto saltare il banco. Più alto è il leverage, più valute potrete controllare, ovvero comprare e vendere. Quanto al rischio, non è qualcosa che mi preoccupa perché è controllato su tutte le operazioni. Il rischio, come si può facilmente evincere, si riferisce a ciò che si è disposti a rischiare su un particolare commercio, in termini di euro.

Giusto per rinfrescarci la memoria, se la coppia EUR/USD si è mossa da 1,3924 a 1,3928, significa che si è mosso un totale di 4 pip, così come se la coppia USD/JPY si muovesse da

95,23 a 95,19, saremmo sempre all'interno di uno spread di 4 pip. Semplice, per ora, andiamo avanti. Se, per esempio, stessi negoziando 1 lotto standard (100.000 dollari) ogni pip varrebbe 10 dollari. Rifacendoci all'esempio di cui sopra con un movimento di 4 pip, se si stesse quindi negoziando 1 lotto standard, 4 pip equivarrebbero a 40 dollari USA. Gli stessi US$10 per pip si applicheranno anche a GBP/USD, AUD/USD e NZD/USD. Questa è la parte facile. Per tutte le altre coppie di forex le cose non sono così semplici a causa del fatto che l'USD non è la valuta di quotazione o di contrasto. Perciò, al di là dell'esempio specifico, quello che è importante sempre considerare è la conversione di valuta tra le due coppie. In questo caso i calcoli potrebbero essere un po' complessi ma io mi semplifico enormemente la vita considerando tutte le coppie con un valore di 1 pip su US$10. Quasi tutte le coppie forex, tranne EUR/GBP, hanno un valore in pip di meno di US$10, e la maggior parte di queste sono appena sotto quel livello, ma fluttuano con le variazioni di valuta. Se ancora le cose ti sembrano troppo complesse e hai bisogno di conoscere il valore esatto del pip, esistono molti siti web gratuiti con una calcolatrice incorporata per fare i conti al posto tuo. Problema risolto!

La maggior parte dei trader negozia lotti standard o mini lotti. Come detto prima, Oanda è leggermente diverso in quanto opera per unità, il che può essere molto utile per una gestione precisa del denaro.

Quindi, ricapitolando: se 1 pip equivale a 10 dollari USA su un lotto standard (1,0 lotto/100.000 dollari), allora 1 pip su un mini lotto (0,1 lotto/10.000 dollari) deve essere uguale a 1 dollaro USA, e 1 pip su un micro lotto (0,01 lotto/1.000 dollari) varrà 0,10 dollari. Semplice!

E per mantenere il tutto molto facile e semplificato, basta considerare ogni coppia Forex allo stesso modo. So che un pip USD/JPY su un lotto standard non è 10 dollari, ma è abbastanza vicino per me da non preoccuparmi del suo valore esatto. Se il tuo stile di trading è influenzato dal prezzo esatto dei pip sulla coppia di Forex che stai negoziando, allora dovrai usare qualcosa come una calcolatrice forex dedicata per calcolare i valori esatti. Come detto, sono liberamente disponibili semplicemente facendo una ricerca su Google.

Due esempi:
Ho 2.235 dollari sul mio conto di trading e sono felice di rischiare il 2% su ogni operazione. Sono sul conto del mio broker, guardo i loro grafici e vedo un bel set up sulla EUR/USD dove sto cercando di comprare a 1,3928. Ho intenzione di posizionare il mio stop (stop loss) 30 pip sotto a 1.3898. Quindi il mio rischio su questo trade è di 30 pip. Ora ho bisogno di sapere quale sarà la dimensione della mia posizione, dove sto rischiando non più del 2% del mio saldo complessivo del conto di 2.235$. Questo equivale a 44,70 dollari. Il modo più semplice per risolvere il problema è usare la seguente

formula: saldo del conto moltiplicato per la percentuale di rischio, diviso per il rischio (dimensione dello stop in pip), è uguale alla dimensione della posizione.

In questo caso preciso i calcoli corrisponderebbero a qualcosa del genere:

$2,235 x 2% = $44.70

$44,70/30 pip = 1,49

Quindi la dimensione della mia posizione su questo trade sarebbe di 1,49 mini lotti (0,149 lotti). Tu dovresti arrotondare per difetto a 1 mini lotto (0,1 lotto), o 1,4 mini lotti (0,14 lotti) se la tua piattaforma permette questa dimensione di trading. Se tuttavia non sei sicuro della dimensione della tua posizione, se è in lotti standard o mini, ti basterà eseguire i calcoli al contrario per avere le conferme di cui hai bisogno. Sai che il rischio massimo è di 44,70 dollari su questa operazione. Se fossi entrato nel trade con 1 mini lotto, sapendo che ogni pip vale 1$, con uno stop avresti perso $30 - che è comunque sotto il tuo rischio massimo di $44.70

- a causa del fatto che hai arrotondato la dimensione della tua posizione verso il basso.

Ecco un altro esempio con un saldo del conto molto più grande e una diversa percentuale di rischio e posizionamento dello stop. Il saldo del conto è di 37.840$, il rischio di trading è del 3% e stai piazzando un ordine di vendita sulla coppia GBP/USD a 1,4562 con uno stop a 1,4607, che è dunque a 45 pip di distanza.

Facciamo i conti per calcolare la dimensione della nostra posizione:

$37.840 (saldo del conto) x 3% (percentuale di rischio) = $1135,20

$1135.20 (rischio massimo) diviso per 45 (stop) = 25.226'

Quindi la dimensione della posizione sarebbe di 25,226' mini lotti (2,5226 lotti) o, arrotondata, di 25,2 mini lotti (2,52 lotti; cioè, fondamentalmente, 2,5 lotti standard). Fai i calcoli al contrario se vuoi controllare due volte la dimensione della tua posizione. Sai che il tuo rischio massimo è di $1135.20, e il tuo stop è di

45 pip, e ogni pip vale $10 su un lotto standard. Se dovessi perdere 45 pip con 2,5 lotti, allora 45 x 2,5 x 10 = 1125, che è sotto il rischio di $1135.20.

Può essere un po' confuso all'inizio, ma è molto semplice una volta che avrete capito come funziona. Usando questa formula non dovrete mai preoccuparvi di leva, margine o rischio. Semplicemente non entrano in gioco. Ma detto questo, tutto dipende dai vostri livelli percentuali di rischio e dai vostri attuali metodi di trading. Avrete infatti bisogno di un metodo di trading di successo, perché in caso contrario il vostro conto potrebbe saltare. Ci vorrà solo un po' più tempo per raggiungere i risultati sperati.

Informazioni su rischio, stop e correlazione

Ritengo che il "rischio" sia una questione molto importante quando si tratta di trading sul Forex. Probabilmente non è un problema per i trader con un timeframe lungo che lavorano su grafici settimanali o mensili, ma per i trader giornalieri le cose cambiano. Non mi interessa molto quale sia la vostra percentuale di rischio per ogni operazione, perché questo dipende dal singolo trader. Ho suggerito il 2-3% che è abbastanza comune tra i trader di successo, anche se secondo alcuni minore è la percentuale meglio è. Percentuali basse garantiranno infatti di rimanere in gioco più a lungo. Se vorrete comunque rischiare il 10% su un trade, dipenderà da voi, ma accettate il fatto che se qualcosa dovesse andare storto il vostro conto subirà un brutto colpo.

Cosa può andare storto vi chiederete? Potrebbe per esempio capitarvi, ciò che non è affatto un caso raro, di investire nella direzione sbagliata. O potreste anche avere problemi con la connessione internet o, cosa quasi peggiore, ricevere notizie sfavorevoli che vi colgono completamente di sorpresa e gettano tutto il vostro lavoro alle ortiche. Sì, avete letto bene, i potenziali problemi con le connessioni ad internet sono un rischio reale per il vostro trade.

Non importa dove vivete, non potrete mai avere la garanzia di una connessione affidabile al 100%. Basta un grosso temporale entro circa 100 km dalla vostra abitazione per disconnettervi anche dal principale e più sicuro fornitore del paese. A metà degli anni 2000, facendo trading a tempo pieno, possedevo un backup con la vecchia linea telefonica fino alla mia banda larga via cavo. Al giorno d'oggi è possibile avere il modem wireless come backup. Un'altra cosa che vorrei fortemente suggerire, è quella di tenere il numero di telefono del vostro broker sempre a portata di mano, così da poterlo chiamare direttamente e chiudere gli scambi, spostare gli stop ecc. Io l'ho fatto in passato per tirarmi fuori dai guai ed è bello sapere di avere questa opzione se il peggio viene al peggio. Anche in questo caso, tuttavia, questo servizio potrebbe essere disponibile solo con i broker più grandi e conosciuti. Considerate anche qualsiasi possibile problema di lingua se dovrete parlare al telefono.

Potenzialmente il rischio più grande è il rilascio di notizie inaspettate. Tenetelo sempre bene a mente: Forex si muove sulle notizie! E ci sono sempre un sacco di notizie che vengono fuori. La cosa buona in questo senso, è che la maggior parte delle notizie viene rilasciata a orari prestabiliti, il che è molto facile da tenere sotto controllo.

Quindi cosa sto dicendo? Assicurati di usare gli stop su tutti i trade! E non posso essere più chiaro di così. Lo stop dipende da te, certo, ma per favore non farlo diventare uno stop mentale perché in Forex questo atteggiamento non funziona, specialmente se si fa trading con i time frame più piccoli. Anche se una sorta di stop di sicurezza si potrà sempre cambiare e regolare, una volta che il commercio è attivo e funzionante, sarà sempre decisamente meglio tenere la funzione attiva piuttosto che non avere alcuno stop. Per darti un esempio del movimento dei prezzi in un periodo di 24 ore, credo che la media per l'EUR/USD sia di circa

100 pip e per il GBP/USD di 120 pip, più o meno. E questo è solo un movimento medio in 24 ore. Se tu negozi 1 lotto standard e il mercato si muove di 100 pip contro di te, allora saresti 1.000 dollari in rosso. Non va bene! Se non sei sicuro di cosa sia uno stop: è un ordine di chiudere automaticamente il tuo trade se il trade va contro di te di un importo predeterminato. Un esempio: hai comprato EUR/USD a 1,3950, e ovviamente vuoi che aumenti di prezzo per trarne profitto. Hai deciso che non vuoi rischiare più di 30 pip su questo trade per alcun motivo, quindi piazzerai il tuo stop a 1,3920. Se il prezzo scendesse a questo livello, saresti automaticamente chiuso dalla piattaforma del tuo broker per un massimo di 30 pip di perdita. Non importa se sei online o in spiaggia, perché tutto avverrà automaticamente. L'uso degli stop è una parte semplice dell'intera esperienza di trading sul Forex ma è molto importante. Gli stop sono facili da piazzare all'inizio del trade e facili da regolare una volta che il commercio è

attivo e funzionante. Suggerisco vivamente di usarli sempre per evitare gli imprevisti. Detto questo, ci sono alcune strategie che non prevedono stop. Tuttavia, esse normalmente hanno qualche altro meccanismo incorporato per assistere nella gestione del trade.

Prima di concludere il nostro discorso su rischio e stop, è importante sottolineare un aspetto fondamentale del trading: la correlazione, ovvero la proprietà per la quale due coppie possono viaggiare nella stessa direzione o in direzione opposta. Le coppie più altamente correlate sono la EUR/USD e la USD/CHF, dato che fondamentalmente in circostanze normali si muovono abbastanza bene l'una di fronte all'altra. Quindi, se avete comprato la coppia EUR/USD in un'operazione e venduto la coppia USD/CHF in un'altra rischiando il 2% su ogni operazione, in realtà state rischiando il 4% a causa dell'alta correlazione tra le due. Anche la EUR/JPY e la GBP/JPY possono muoversi spesso nella stessa direzione. Se ci pensate bene, se due coppie hanno una valuta in comune e vengono fuori notizie che colpiscono precisamente quella valuta, allora non importa quale sia il coinvolgimento dell'altra valuta, poiché il mercato muoverà la dominante. Questo è qualcosa di cui dovrete essere consapevoli quando ragionerete sul rischio totale da applicare alle vostre operazioni. Il modo migliore per controllare come si muovono le diverse coppie in relazione l'una all'altra, è quello di lanciare grafici ogni ora per tutte le coppie interessate e vedere come si muovono nell'arco di qualche giorno, specialmente subito dopo che vengono rilasciate delle notizie importanti.

Forex e le news

Parliamo di "comunicati stampa" pianificati che possono o non possono muovere i mercati. Oggi, per esempio, dato che faccio trading solo sulla coppia EUR/USD e sono preoccupato esclusivamente di possibili notizie ad alto impatto, ho controllato il calendario di Forex Factory e ora so che devo stare all'erta alle 19.00 per le notizie dalla Germania, e soprattutto essere alle 22.30 ora locale per tre notizie importanti dagli Stati Uniti. Speriamo che il mio lavoro sia finito per le 22.30.

A volte ci sono notizie non previste che possono influenzare i prezzi del Forex. Immaginate le ripercussioni che possono aver avuto su Euro e Dollaro gli attacchi terroristici del 2001 e degli anni successivi, o la scoperta del primo vaccino contro il Covid 19 o, semplicemente, il commento improvviso e inatteso di qualche funzionario del Tesoro italiano durante quello che avrebbe dovuto essere un discorso noioso e prevedibile sul Recovery Fund, per esempio.

Molti avvenimenti possono muovere il mercato quando meno te lo aspetti e, sappilo, questo succede regolarmente!

Non potete neanche immaginare quante volte io sia stato seduto al mio computer, convinto di essere pienamente consapevole di tutte le notizie in uscita, e abbia improvvisamente visto una coppia salire di 50-100 pip in un minuto o due. Ecco, questo fa davvero battere il cuore. Le mani sudano mentre si controllano rapidamente tutti i comunicati stampa per vedere cosa può aver causato il blip. Può essere qualcosa di semplice come una voce di un attacco terroristico pianificato nel centro di Londra. Non importa se è falso, perché il mercato alla fine si correggerà da solo. Basta essere consapevoli che le notizie possono uscire inaspettatamente e muovere il mercato, il che mi riporta al punto precedente: assicuratevi sempre di avere una sorta di stop fisico in posizione in ogni momento del trading.

Ancora qualche notizia sul rischio

Nel mondo del trading su Forex le parole da dire sul rischio sembrano non finire mai, ma come già detto, è molto importante comprendere appieno il concetto. Nessuno vuole far saltare il suo conto in uno o due trade stupidi. Diciamo, per esempio, che hai negoziato solo la coppia EUR/USD e il tuo stop è sempre stato di 30 pip con un rischio del 2%. Ora, mantenere una percentuale di rischio stabile non è un'operazione sempre profittevole perché, come è ovvio, tutto dipende delle dimensioni del tuo conto e dal tuo storico. Alcuni trader suggerirebbero di rimanere sulla stessa posizione per una sessione, altri dicono solo per una settimana e altri ancora suggeriscono un mese. Il mio consiglio è che se hai iniziato una particolare sequenza di trading con una posizione di 2 lotti, dovrai continuare a negoziare la stessa posizione di 2 lotti fino alla fine della sequenza per poi riaggiustarla per la sequenza successiva in base al nuovo saldo del tuo conto. Altri trader vi inviteranno ad aggiustare la dimensione della vostra posizione dopo ogni operazione. Questo potrà confondervi un po' le idee, specialmente se state negoziando diverse coppie di valute con diversi stop. In più, un tale atteggiamento vi svantaggerà se cercherete di recuperare delle perdite: entrerete nelle operazioni con una posizione più piccola per cercare di venir fuori da una spirale negativa.

Come ho detto molte volte, cerco di suggerirvi solo le cose semplici perché la semplicità è la mia parola d'ordine. Personalmente, decido una posizione all'inizio della settimana e mi attengo alla stessa posizione fino al weekend. La settimana successiva do un'occhiata al saldo del mio conto e procedo ad effettuare aggiustamenti puntuali, solo se necessario. Questo metodo funziona, ve lo posso assicurare, e certamente rende la mia vita più facile. La dimensione della mia posizione, infatti, è memorizzata automaticamente nella mia

Non c'è modo di coprire tutti i tipi di scenari di trading, né intendo farlo. Ogni trader ha la sua strategia che può modificarsi per far fronte ad una moltitudine di casi diversi impossibili da enumerare in questa o altra sede. Di fatto, non esiste un modo giusto o sbagliato di gestire il rischio su Forex e, alla fine della giornata, conterà solo il profitto.

CAPITOLO 5
Entriamo nel vivo

È ora di entrare nel mondo del trading. Finora ho spiegato cosa è il Forex, quindi dovreste avere un'idea ragionevolmente buona delle basi di questo commercio. Ora si tratta di sporcarsi le mani facendo effettivamente un po' di trading. Come detto prima, ci sono molti broker che offrono la possibilità di fare trading demo. Questa è una grande opportunità, ma per favore non fatevi ingannare dal pensiero di poter replicare il vostro trading demo nel vostro trading dal vivo senza perdere neanche un colpo. Non è proprio possibile! Quello che vi suggerisco è di aprire un conto live che vi permetta di entrare con micro lotti (1 pip = 10c), così almeno da poter fare trading con soldi veri. Non è molto lo so, ma abbastanza per mantenere l'interesse sul Forex vivo senza mandare il vostro conto per aria in men che non si dica. Il ché, fidatevi, è davvero facile.

Chiunque può operare con successo con un conto demo perché non esistono rischi reali di perdita o emozioni coinvolte. Come probabilmente avrete già capito, io sono un trader tecnico, il che significa che guardo i grafici per determinare le mie entrate commerciali e per capire dove, quando e come investire. Non faccio trading sulle notizie, semplicemente perché non è sempre possibile comprendere le reali implicazioni di un avvenimento finché esse non si manifestano, ma sono perfettamente consapevole di quando vengono rilasciate le news importanti, ovvero quelle che potranno avere conseguenze incalcolabili. Quando dico che faccio trading dai grafici, significa fondamentalmente che mi servo dell'analisi tecnica e analizzo quindi le informazioni a mia disposizione su basi temporali molto precise. Sono migliaia gli indicatori tecnici e i metodi di trading creati e messi a punto negli ultimi anni. Sono ovunque. Basta guardare in uno qualsiasi dei grandi Forex trading forum, e troverete un sacco di informazioni gratuite su tutti i tipi di metodi di trading, dai grafici in tick ai grafici mensili. Ebbene, sappiate che alcune informazioni sono buone ma la maggior parte è spazzatura.

Dovete ricordare che ciò che può funzionare bene per un trader, può non funzionare affatto per un altro. È raro avere il portafoglio identico a quello di un estraneo e, allo stesso tempo, possedere anche le sue stesse conoscenze, lo stesso atteggiamento nei confronti del rischio, gli stessi orari di lavoro, le stesse attrezzature informatiche, la stessa predisposizione al calcolo e all'analisi, ecc. Immaginate due trader che negoziano entrambi la coppia EUR/USD. Il trader A potrebbe essere lungo su ogni transazione e il trader B potrebbe invece essere corto. Ora, naturalmente, si potrebbe pensare che uno dei due abbia torto, ma se il trader A stesse ragionando su un grafico a 1 minuto e il trader B su un grafico giornaliero, allora è verosimile che entrambe le analisi siano corrette o, forse, errate. Cavalli diversi per corse diverse insomma.

Ci sono così tanti indicatori tecnici là fuori che sarebbe impossibile per me discutere di ognuno. Ne conosco molti, avendone provati la maggior parte e ormai so perfettamente se qualcosa si adatta bene a me o se è solo una perdita di tempo. Ho i miei indicatori preferiti e ne conosco tanti che non ho idea di come qualcuno abbia mai potuto farli funzionare. Una cosa che devo però è che circa il 99% degli indicatori tecnici sono indicatori in ritardo. Cioè, si muovono veramente solo dopo che il mercato si muove, lasciandoci la possibilità di coglierli unicamente quando il mercato si è già mosso. Il senno di poi è un grande strumento ma serve solo per piangere sul latte versato. A volte penso che tutto ciò di cui ho realmente bisogno sia una macchina del tempo che mi mandi un'ora circa nel futuro e poi mi faccia tornare al

Forex. Può sembrare un po' sciocco, ma vi può far capire bene capire cosa voglio dire. Quando fai trading dal vivo usando i tuoi indicatori e guardando l'estrema destra del tuo grafico (il prezzo corrente), puoi solo formulare un'opinione sul modo in cui il prezzo si muoverà dopo, perché non sai con certezza che direzione che prenderà. Nessuno lo sa!

Tutto ciò che gli indicatori tecnici fanno, è darci una maggiore probabilità che qualcosa accada seguendo una particolare direzione in base alla nostra propria interpretazione dell'indicatore/i in quel preciso momento. Si dice che molti indicatori tecnici siano auto-realizzanti. Significa che molti trader usano gli stessi indicatori e quindi si aspettano che la stessa cosa accada in un momento particolare. Puoi avere tutti gli indicatori del mondo sul tuo grafico, con tutti i pianeti allineati, e convincerti senza dubbio alcuno che il prezzo stia andando in una certa direzione, ma puoi farlo solo finché la realtà non ti presenta davanti agli occhi l'esatto contrario di ciò che pensavi. Non c'è certezza nel trading, quindi devi essere preparato al peggio in ogni momento. Ricorda: il prezzo comanda!

Come trader preferisco di gran lunga aprire un'operazione nella direzione in cui sembra andare il mercato nel momento in cui lo analizzo, o per dirla in un altro modo, seguo la tendenza. Alcuni trader preferiscono cercare punti di svolta per commerciare nella direzione opposta al trend dominante. Ho visto diversi sistemi nel corso degli anni e ho imparato ad apprezzare lo sforzo e l'immaginazione che c'è in ognuno di essi. Molti di questi sono stati creati dalla distorsione di un indicatore standard o di un'idea nota. Il trucco è trovare qualcosa che funzioni bene per te.

Io uso indicatori tecnici, e guardo sia il trading a breve termine che quello a lungo termine. A volte ho voglia o bisogno di finire la giornata velocemente e altre volte non ho problemi ad essere costantemente sul mercato. Non amo stare seduto al mio computer per ore e ore, ma purtroppo mi piace il brivido della caccia. A volte aspettare i set up sui time frame più lunghi può diventare un po' noioso per chi come me ama l'azione, ma la cosa più importante è trovare un equilibrio, da cui il fatto che posseggo due conti al fine di coprire entrambi i tipi di trading.

Trading giornaliero o a lungo termine?

Per prima cosa tratterò il trading a breve termine. Molti lo chiamerebbero day trading. Se sei un Day Trader significa che entrerai e uscirai dal mercato nello stesso giorno o sessione e che, una volta finito, non avrai più alcuna operazione aperta. Nel gergo del trading questo si dice 'essere piatti'. Ebbene, io lo sono, eccome! Personalmente, lo ripeto, non amo stare seduto al mio computer per ore e ore. Avrete quindi già capito che io ho un obiettivo specifico per ogni giorno, obiettivo normalmente fissato intorno ai 20 pip di profitto. Con il day trading mi limito a negoziare solo una coppia, la EUR/USD. È di gran lunga la coppia più popolare e ha costantemente lo spread più basso. Su Oanda, che è la mia piattaforma di day trading, lo spread è normalmente inferiore a 0,8 pip. Se tu scambiassi una coppia con uno spread di 5 pip, il mercato allora dovrebbe muoversi almeno 5 pip a tuo favore solo per farti andare in pareggio. Il trading di una sola coppia, per quanto possa sembrare banale, ti permette soprattutto di concentrare tutti i tuoi sforzi in quella coppia.

Cerco sempre di iniziare il mio trading dopo la fine della sessione asiatica, per immergermi subito nella sessione di Londra (europea) e finire, spesso, con la sessione statunitense. Come detto in precedenza, prima di iniziare controllerò su Forex Factory quali sono le principali notizie già rilasciate che potrebbero influenzare l'EUR o il USD. Ho bisogno di essere consapevole di ciò che accade nel mondo, è qualcosa di davvero importante.
Non mi addentrerò nei set up specifici usati più

comunemente dai Day Traders perché sussistono così tante variazioni che non potrei rendere loro giustizia in questo libro. Alcuni trader cercano di fare trading su grafici a 1 minuto, mentre altri guardano ai timeframe più alti. Un esempio potrebbe essere quello di un Day Trader che usa un grafico a 5 minuti per le entrate e le uscite, ma basa tutte le sue operazioni sulla direzione del grafico a un'ora, che agisce dunque come una sorta di filtro. Con il day trading devi davvero impegnarti al massimo per raggiungere una concentrazione totale. Devi essere pronto a subire piccole perdite e a continuare tuttavia a colpire il mercato. Quasi ogni giorno compaiono sul grafico a 5 minuti una o due mosse decenti che rendono onore ai nostri sforzi. Non essere avido sperando di avere la meglio anche sul banco. Cerca di iniziare la giornata con un piccolo commercio alla ricerca di 5 pip, solo per darti quella sensazione positiva di vincita.

Quanto al trading a lungo termine, esso

permette di restare sempre nello stesso commercio per ore, giorni o addirittura settimane. Quando dico lungo termine, normalmente mi riferisco al trading basato su grafici da un'ora, quattro ore o giornalieri. Alcuni trader possono guardare al grafico settimanale o anche al grafico mensile, ma questo non fa decisamente per me. Consulto i grafici giornalieri almeno una volta al giorno, forse due, per controllare i miei trade. Di solito la mattina appena alzato e la sera, prima di staccare la spina per assicurarmi che non sia avvenuto niente di drammatico.

Il trading fuori dai grafici giornalieri ti permette di avere molto più tempo libero per te stesso e il tuo tempo libero. Un aspetto importante che mi pare opportuno citare infatti, è quello legato allo stress: il trading su Forex può essere un'attività che crea dipendenza e, come tale è da trattare con le pinze e a piccole dosi. Tenete sempre a mente il vostro rischio per trade.

Tenere un diario o un'agenda

Ora che abbiamo visto le basi del trading su Forex, prima di concludere vorrei parlarvi di quello che è il miglior amico del trader: il suo diario personale, ovvero il registro dettagliato non solo dei suoi risultati di trading, ma anche delle altre informazioni utili a cui fare riferimento in ogni momento. Un diario o un'agenda, o anche un semplice quaderno dove si scrive a mano. Quando appoggiamo la penna sulla carta, infatti, pensiamo esattamente a ciò che stiamo facendo e questo ci aiuta a delineare correttamente i nostri pensieri di quel preciso momento. Possiamo anche scegliere di affidarci sempre ad uno strumento informatico creando fogli Excel o Word in cui raccogliamo tutti i nostri pensieri e ogni genere di informazione utile al nostro trading. State solo attenti ad eseguire spesso i backup del vostro sistema.

Un diario non è semplicemente un posto dove tenere i risultati del tuo trading registrati e ordinati, è molto di più. Se stai facendo trading con un metodo particolare, potresti descrivere gli step da effettuare per riferimento futuro e registrare le modifiche o le criticità del metodo stesso man mano che si procede. Potresti anche registrare i dettagli del tuo piano di gestione del denaro, gli errori che hai commesso, i commenti al tuo stato d'animo, i problemi tecnici, le interferenze esterne, i rischi che hai corso e i successi all'ultimo secondo che hai ottenuto. C'è tanto da mettere in un diario di trading. Io, per esempio, scrivo sempre a mano e ogni giorno prima di iniziare segno la data esatta, l'orario e il saldo del conto. Sono principalmente un Day Trader, quindi ogni giorno è un nuovo inizio per me e al mattino non ho posizioni aperte di cui preoccuparmi. Conosco già le mie regole di gestione del denaro perché sono caricate nella piattaforma di trading, ma le riannotto comunque nel diario in un piccolo riquadro che disegno al lato del foglio. Direttamente sotto il giorno e la data, inserisco un sottotitolo chiamato 'News', e dopo aver controllato il Forex Factory Economic Calendar, annoto l'ora di qualsiasi notizia importante e la valuta che verrò influenzata. Non mi interessa quale sia la notizia, ma solo quando uscirà in modo da essere preparato e impostare, altro fondamentale accorgimento, la sveglia sul mio smartphone.

Ok, quindi il primo trade della giornata è iniziato, ed ecco un esempio di come lo scriverei con il mio personalissimo slang:

EUR B 1.2 @ 1.4215 @ 18.01. Stop -20, target +20

Il mercato è salito bene con solo segnali di rialzo sul grafico a 5 minuti. Anche quello a un'ora conferma il trend nonostante il prezzo oscilli per la maggior parte della giornata. È salito a +15, quindi lo stop si è spostato a 1.4205 (-10). Ho chiuso alle 18.23, dato che il mercato si era ribaltato e stava diventando un po' troppo rischioso. Ancora una volta ero sopra di 10 pip e me li sono lasciati sfuggire. Come potete intuire ho comprato la coppia EUR/USD, con dimensioni della posizione, tempo, stop e target tutti preimpostati. Quando ogni trade viene chiuso, tengo un totale corrente di pip vinti o persi nel margine sinistro, così posso vedere a colpo d'occhio a che punto sono della giornata. Una volta che il mio obiettivo viene centrato, chiudo. Non c'è sensazione migliore che portare un trade in una situazione "senza perdite".

Questo è tutto quello che ho da condividere per ora, quindi è il momento di organizzare il tuo diario e prepararti ad iniziare…

www.ingramcontent.com/pod-product-compliance
Lightning Source LLC
Chambersburg PA
CBHW070459220526
45466CB00004B/1891